AF280213

Zwischen Kraft und Gefühl

„Wie Männer und Frauen im 21. Jahrhundert sich
selbst und einander wiederfinden.“

René Lochmann

Für die Frauen, die wieder weich sein dürfen.

Für die Männer, die wieder führen dürfen – aus
dem Herzen.

Für alle, die sich erinnern wollen, wer sie
wirklich sind.

*„Verhalten ist die Sprache des Ungesagten.
Liebe beginnt dort, wo wir beginnen, uns
selbst zu verstehen.“*

René Lochmann

Impressum

© **2025 René Lochmann**
Alle Rechte vorbehalten.

Autor: René Lochmann
lochmannrene@googlemail.com

Titel: Zwischen Kraft und Gefühl
Untertitel: Wie Männer und Frauen im 21. Jahrhundert sich selbst und einander wiederfinden.

Lektorat: Doris Lochmann
Satz und Gestaltung: René Lochmann
Coverdesign: René Lochmann

Erstauflage: 2025
ISBN: 978-3-8192-9877-6
Verlag: BoD · Books on Demand GmbH, Überseering 33, 22297 Hamburg, bod@bod.de
Druck: Libri Plureos GmbH, Friedensallee 273, 22763 Hamburg

Einleitung des Autors

René Lochmann

Ich wurde 1977 an der Ostseeküste geboren - in Ahrenshoop, einem Ort voller Wind, Wasser, Weite und Kunst. Vielleicht hat mich genau dieses Umfeld früh geprägt: kreativ, durchlässig, lebendig – und gleichzeitig voller Fragen.

Schon in meiner Kindheit und Jugend war ich umgeben von unterschiedlichen Menschen, Lebensentwürfen und Beziehungsformen. Das war manchmal herausfordernd, oft bereichernd – und immer lehrreich. Ich beobachtete früh, wie Menschen lieben, streiten, sich finden – und sich verlieren. Und vielleicht begann genau dort mein inneres Forschen.

Später wurde die Arbeit mit Paaren und Familien nicht nur mein Beruf, sondern mein Weg. Ich entwickelte das therapeutische Konzept *„Paar-Familien-Therapie on Location"* – einen direkten, lebensnahen Ansatz: Ich kam nicht in der Praxis mit Menschen ins Gespräch, sondern **bei ihnen zu Hause**. Dort, wo Beziehung tatsächlich lebt – oder scheitert. Wo Verhalten nicht versteckt wird, sondern sich zeigt.

Roh. Echt. Menschlich.

Meine Arbeit fand in der Öffentlichkeit breite Resonanz. Ich bin seit vielen Jahren medial präsent, gestaltete eine eigene Sendung zur Paar- und Familientherapie On Location bei einer großen Mediengruppe und war Gast in zahlreichen Podcasts, Talkrunden und Radiosendungen. Ich habe bis heute mein Wissen, meine Praxis und meine Erfahrungen aus drei Jahrzehnten **der Öffentlichkeit zur Verfügung gestellt** – offen, klar, nahbar.

Gleichzeitig habe ich selbst in unterschiedlichen Beziehungsformen gelebt: Patchwork, Nestmodell, getrennt erziehend, gemeinsam wachsend. Ich bin Vater von fünf wunderbaren Kindern – und mit jeder Beziehung, in der ich lebte, habe ich nicht nur geliebt, sondern auch gelernt.

Dieses Buch ist keine Theorie. Es ist eine Einladung. Zum Erinnern. Zum Fühlen. Zum ehrlichen Hinschauen.

Und vielleicht auch zur Rückkehr zu dir selbst – **zwischen Kraft und Gefühl.**

René Lochmann

Übersicht:

Teil 4 – Praxis & Begleitung

- Kapitel 10: Leitfaden zur Selbstreflexion
- Kapitel 11: Paararbeit – Wie Beziehungen heilen
  können
- Kapitel 12: Der neue Mann, die neue Frau – eine
  Vision

Kapitel 1 – Warum wir tun, was wir tun

Viele Menschen glauben, dass ihr Verhalten zufällig oder willensgesteuert ist. Doch in Wahrheit ist unser Verhalten Ausdruck von etwas Tieferem – von Emotionen, Bedürfnissen, Mustern und Prägungen, die oft unterbewusst wirken.

Wir essen nicht „einfach so" zu viel Süßes. Wir trinken nicht „nur zum Spaß" zu viel Alkohol. Wir suchen nicht „nur aus Lust" ständig die nächste Party, das nächste Ziel, das nächste Hochgefühl. Von Rauchen bis Spielsucht, Risikobereitschaft oder Schönheitswahn – die Liste ließe sich erweitern. In all diesen Handlungen steckt ein Ruf. Ein Ruf nach etwas, das wir im Moment nicht anders ausdrücken können.

Verhalten ist Kommunikation

Jedes Verhalten ist eine Form von Sprache – eine Sprache des Körpers, der Seele, des Unbewussten. Und wie jede Sprache will sie verstanden werden.

- Süßigkeiten können ein Ruf nach Trost, Wärme oder innerer Geborgenheit sein.
- Übermäßiger Sport kann eine Flucht vor Gefühlen sein, oder ein Versuch, Kontrolle zurückzugewinnen.

- Alkohol kann ein Weg sein, Spannung zu lösen, Emotionen zu betäuben oder innerlich „nicht fühlen zu müssen".
- Das ständige Bedürfnis nach Ablenkung oder Geschwindigkeit (z. B. Autofahren) kann ein Zeichen von innerer Unruhe oder Leere sein.

Wenn wir beginnen, diese Sprache zu entschlüsseln, verändert sich alles. Denn dann reagieren wir nicht mehr nur – wir verstehen.

Das Prinzip der Kompensation

Viele unserer Handlungen sind kompensatorisch. Wir tun etwas im Außen, um etwas im Innen nicht fühlen zu müssen. Die Leere, die Angst, das Gefühl nicht genug zu sein, nicht gesehen, nicht geliebt, nicht sicher zu sein. Und weil wir nicht gelernt haben, uns damit auseinanderzusetzen, greifen wir zu Mustern, die kurzfristig erleichtern – aber langfristig trennen.

Kompensation ist kein Zeichen von Schwäche.

Sie ist ein Überlebensmechanismus. Aber sie wird zu einem Problem, wenn wir vergessen, was sie eigentlich verdecken sollte.

Der erste Schritt: Bewusstheit

Sich selbst zu erkennen beginnt mit einer einfachen
Frage:

„Warum tue ich gerade, was ich tue?"

Nicht um sich zu bewerten. Sondern um zu lauschen.
Sich zu spüren. Und sich ehrlich zu begegnen.

- **Was fühle ich wirklich, bevor ich zur Schokolade
  greife?**
- **Was will ich vermeiden, wenn ich ständig in
  Aktion bin?**
- **Wem oder was laufe ich hinterher, was vermeide
  ich wirklich?**

Diese Fragen sind Türen. Und hinter jeder Tür liegt ein
Teil von uns, der gesehen werden will.

Kapitel 2 – Die Sprache des Verhaltens verstehen

Verhalten ist nicht zufällig. Es ist präzise, wiederholbar und – wenn man genau hinschaut – tief sprechend. Es ist wie eine eigene Sprache, die man lernen kann. Und wenn man sie versteht, wird das Leben plötzlich durchschaubarer, ehrlicher – und heilbarer.

Viele Menschen suchen nach Antworten im Außen: in Theorien, Diagnosen, anderen Menschen. Dabei liegt ein Großteil der Wahrheit in etwas sehr Nahem – im eigenen Tun, im eigenen Alltag, in den kleinen und großen Gewohnheiten.

„Verhalten ist der Körper gewordene Zustand der Seele"

Ein Mensch, der sich unruhig fühlt, wird nicht still sitzen. Ein Mensch, der innerlich leer ist, wird sich füllen – mit Konsum, Essen, Lärm, Aktion. Ein Mensch, der sich ohnmächtig fühlt, wird nach Macht greifen – manchmal leise, manchmal laut.

Wenn wir also lernen, Verhalten als Ausdruck einer inneren Realität zu lesen, beginnen wir, **uns selbst und andere besser zu verstehen** – nicht nur oberflächlich, sondern tief.

Beispiel 1: Die Süße, die fehlt

Menschen, die regelmäßig nach Süßem greifen, suchen oft unbewusst nach einem Ausgleich: für Härte im Leben, für Lieblosigkeit in sich selbst, für das, was ihnen nicht genährt wurde. Zucker steht nicht selten symbolisch für **Liebe, Weichheit, Wärme** – das, was in der Kindheit gefehlt hat oder im Alltag verloren gegangen ist.

Beispiel 2: Die Kontrolle durch Sport

Übermäßiger Sport – nicht aus Freude, sondern aus innerem Zwang – kann eine Antwort auf Unordnung im Innern sein. Wenn das Leben chaotisch scheint oder die Emotionen überfordern, schafft körperliche Leistung eine Form von Kontrolle. Der Körper wird zur Bühne für das, was innerlich nicht geordnet werden kann.

Beispiel 3: Die Flucht in die Nacht

Exzessives Feiern, ständiges Unterwegssein, Reizüberflutung – all das kann Ausdruck davon sein, dass man **nicht mit sich selbst allein sein will**. Stille wird dann bedrohlich. Die Party wird zur Flucht vor dem inneren Kind, das sich verlassen fühlt.

Frage statt Urteil

Die Kunst besteht darin, nicht zu urteilen, sondern zu fragen.

- *Was will mir mein Verhalten gerade sagen?*
- *Was fehlt mir – und wie fülle ich diese Leere?*
- *Welche Emotion liegt unter meinem Tun zugrunde?*

Das Verhalten ist immer der zweite Schritt. Der erste ist das Gefühl, das Bedürfnis, die Wunde. Wenn wir dorthin schauen, beginnen wir, **nicht nur das Verhalten zu verändern – sondern uns selbst zu heilen.**

Reflexionsübung: Was will dein Verhalten dir sagen?

Nimm dir 10–15 Minuten Zeit, einen ruhigen Ort und ein Notizbuch. ***Du brauchst keine perfekte Antwort – nur Ehrlichkeit und ein offenes Herz.***

Schritt 1: Beobachte

Wähle ein aktuelles Verhalten von dir aus, das du häufig oder besonders intensiv erlebst.

Beispiele:

- Ich esse abends immer Süßes, obwohl ich keinen Hunger habe.
- Ich trinke zu viel Alkohol am Wochenende.
- Ich habe das Bedürfnis, ständig unterwegs oder unter Leuten zu sein.
- Ich kontrolliere oft meinen Partner oder mein Umfeld.
- Ich mache extrem viel Sport – oder gar keinen mehr.

Was ist dein Verhalten?
→ *Schreibe es konkret auf.*

Schritt 2: Spüre

Lege die Hand auf dein Herz oder deinen Bauch und stelle dir folgende Fragen:

- *Was fühle ich, kurz bevor ich dieses Verhalten zeige?*
- *Gibt es einen Auslöser? Eine bestimmte Stimmung, ein Gedanke, ein Mensch?*
- *Was erhoffe ich mir in dem Moment – Erleichterung, Nähe, Kontrolle, Vergessen...?*
- *Und was fehlt mir wirklich tief in mir?*

→ *Schreibe frei, ohne Zensur. Lass dein Inneres sprechen.*

Schritt 3: Antworte dir selbst

Stell deinem Verhalten diese Frage:

„Was willst du mir sagen?"

Höre in dich hinein. Manchmal antwortet dein Inneres sofort, manchmal in Bildern oder in leiser Sprache. Vielleicht kommen Sätze wie:

- *„Ich will gesehen werden."*
- *„Ich habe Angst vor der Leere."*
- *„Ich will spüren, dass ich lebe."*
- *„Ich fühle mich allein."*
- *„Ich brauche Sicherheit."*

→ Schreib genau das auf, was kommt – ohne Bewertung.

Abschlussimpuls:

„Ich bin bereit, mich selbst zu hören – auch dort, wo es weh tut."

Mach dir bewusst: Nicht das Verhalten ist das Problem – es ist der Hinweis. Wenn du lernst zu hören, brauchst du dich nicht mehr zu verlieren.

Kapitel 3 – Süßigkeiten, Alkohol, Geschwindigkeit: Was steckt wirklich dahinter?

Oberflächlich betrachtet sind es einfach Dinge, die man eben tut. Süßigkeiten essen, ein Glas Wein trinken, Auto fahren mit lauter Musik und offener Scheibe. Für viele Menschen Alltag. Doch wer genauer hinschaut, spürt: Da ist mehr. Da ist ein inneres Ziehen, ein Drang, ein Reflex. Etwas, das nicht zufällig kommt – sondern uns etwas zeigen will.

1. Süßigkeiten – wenn das Leben bitter schmeckt

Zucker ist wie eine Umarmung von innen. Warm, süß, beruhigend. Kein Wunder, dass so viele Menschen ihn in Momenten der Überforderung, Einsamkeit oder inneren Leere suchen.

Süßigkeiten stehen symbolisch für:

- **Trost**
- **Zärtlichkeit**
- **Nähe**
- **Liebe**

Die versteckte Botschaft:

„Ich will genährt werden – nicht nur körperlich, sondern emotional.“

Vielleicht gab es in der Kindheit wenig emotionale Wärme. Vielleicht wurde Liebe an Leistung geknüpft. Vielleicht ist im Alltag einfach niemand da, der einem „weich begegnet“. Der Zucker wird zum Ersatz – für das, was eigentlich fehlt.

2. Alkohol – wenn es zu laut oder zu leer ist

Alkohol beruhigt. Betäubt. Löst Grenzen. Für viele Menschen ist er wie ein Aus-Knopf für das, was innen tobt: Gedanken, Druck, Scham, Traurigkeit. Oder für das, was fehlt: Verbindung, Lebendigkeit, Nähe.
Er wird oft nicht getrunken aus Lust – sondern aus **Sehnsucht oder Flucht.**

Mögliche unbewusste Botschaften:

- *„Ich will nichts mehr spüren.“*
- *„Ich will locker sein – weil ich mich sonst zu starr fühle.“*
- *„Ich will Nähe, aber traue mich nicht, sie nüchtern zuzulassen.“*

Alkohol ist nicht das Problem – er ist das Symptom. Die Frage ist: *Wovor willst du dich schützen?*

3. Geschwindigkeit – wenn das Innere still ruft

Schnelles Autofahren, ständiges Unterwegssein, Action, Reiz, Adrenalin – all das wirkt auf den ersten Blick wie Energie, Freiheit, Lebenslust. Doch oft liegt darunter eine Angst vor dem Stillstand. Denn in der Stille kommen Gefühle. In der Stille kommt Wahrheit.

Die Sprache der Geschwindigkeit:

- *„Ich will Kontrolle."*
- *„Ich will spüren, dass ich lebe."*
- *„Ich renne – weil ich nicht weiß, wohin ich sonst mit mir soll."*

Das Rasende ist oft ein Spiegel der inneren Unruhe. Wer ständig Gas gibt, will nicht anhalten. Weil beim Anhalten etwas kommen könnte, was nicht mehr kontrollierbar ist: Tränen, Einsamkeit, Sehnsucht.

Verhalten ist ehrlich – auch wenn du es nicht bist

Das Faszinierende ist: Verhalten lügt nicht. Es zeigt oft deutlicher als Worte, was wirklich los ist. Unser Körper, unsere Gewohnheiten, unsere Impulse – sie alle sind wie ehrliche Freunde, die uns immer wieder sagen:

„Schau hin. Ich will dir etwas zeigen. Ich bin nicht gegen dich – ich bin für dich. Aber du musst mir zuhören."

Abschlussgedanke für dieses Kapitel:

Das Verhalten, das du vielleicht an dir verurteilst, war vielleicht einmal dein bester Schutz. Aber wenn du bereit bist, es nicht mehr zu bekämpfen, sondern zu befragen – dann wird aus Schutz Heilung.

Übung 1: Dialog mit dem Verhalten

Ziel: Das eigene Verhalten nicht bekämpfen, sondern verstehen – durch einen inneren Dialog.

Anleitung:

1. **Wähle ein Verhalten**, das dich beschäftigt oder immer wieder auftaucht.
    Beispiel: „Ich esse abends ständig Süßes" oder „Ich trinke regelmäßig Wein, obwohl ich es nicht brauche".

2. **Schließe die Augen**, atme ein paar Mal tief durch und stelle dir vor, dein Verhalten ist ein Wesen oder ein innerer Teil – mit Stimme, Form, vielleicht sogar Gesicht.

3. **Beginne einen inneren Dialog.** Schreib die Antworten auf, als wäre es ein Gespräch.

Fragen, die du deinem Verhalten stellen kannst:

- Wer bist du?
- Was willst du mir sagen?
- Was versuchst du für mich zu tun?
- Was brauchst du eigentlich?
- Was würde passieren, wenn du nicht mehr da wärst?

Beispiel:

Ich: Warum bist du da, Schokolade?
Schokolade: Ich will dich beruhigen.
    Du bist oft so hart zu dir.
Ich: Was brauchst du wirklich?
Schokolade: Zärtlichkeit. Nähe.
    Du willst weich seindürfen.
Ich: Was kann ich dir stattdessen geben?
Schokolade: Zeit. Wärme. Selbstmitgefühl.

Diese Übung bringt oft überraschende, tiefe Antworten
– weil sie das Verhalten nicht als Gegner, sondern als
Botschafter sieht.

Übung 2: Körperwahrnehmung vor dem Impuls

Ziel: Frühzeitig erkennen, was in dir passiert – bevor du
ins automatische Verhalten gehst.

Anleitung:

- Nimm dir einen Moment vor dem Verhalten
  (z. B. bevor du zum Kühlschrank gehst oder zum
  Handy greifst) und **pausiere bewusst**.

- Schließe kurz die Augen und frage dich:

- **Was fühle ich gerade körperlich?** (z. B. Enge in der Brust, Druck im Bauch, Unruhe im Kopf)

- **Was denke ich gerade?** (z. B. „Ich will was Gutes haben", „Ich muss runterkommen")

- **Was wünsche ich mir jetzt – im tiefsten Inneren?** (z. B. Nähe, Ruhe, Kontrolle, Trost)

- **Schreibe die Antworten auf** – selbst wenn sie unlogisch erscheinen. Je öfter du das tust, desto klarer wird die Verbindung zwischen Impuls und innerem Bedürfnis.

Schlussimpuls zu beiden Übungen:

„Was ich tue, hat einen Grund. Was ich fühle, hat eine Geschichte. Wenn ich beides ehre, beginnt Veränderung ohne Zwang.

Kapitel 4 – Der innere Mann, die innere Frau

Jeder Mensch trägt zwei Urkräfte in sich: eine männliche und eine weibliche. Sie sind nicht an das biologische Geschlecht gebunden, sondern existieren als energetische Prinzipien in jedem von uns – im Denken, im Fühlen, im Handeln, im Körper.

Wenn diese Kräfte im Einklang sind, fühlen wir uns ganz. In Balance. Wir handeln aus Klarheit und Mitgefühl. Wir wissen, wann wir führen und wann wir empfangen dürfen. Wann wir entscheiden – und wann wir vertrauen. Doch oft ist dieses Gleichgewicht gestört.

Und was im Inneren aus dem Lot gerät, zeigt sich unweigerlich im Außen: in Beziehungen, im Beruf, in unserem Verhalten, in unseren Symptomen.

Was ist der innere Mann?

Der innere Mann steht für:

- Struktur, Klarheit, Ausrichtung
- Fokus, Entscheidungskraft
- Schutz, Präsenz
- Verantwortung und Führung
- Grenzen setzen

Er ist die Kraft, die sagt: *„Ich bin da. Ich halte. Ich weiß,
wo es langgeht.“*

Wenn dieser Anteil verletzt oder unterdrückt ist, zeigt sich das oft durch:

- Orientierungslosigkeit
- Entscheidungsschwäche
- Abhängigkeit
- Passivität oder Flucht
- Angst vor Verantwortung

Was ist die innere Frau?

Die innere Frau steht für:

- Intuition, Gefühl, Empfang
- Kreativität, Hingabe, Vertrauen
- Zyklisches Sein, Fließen
- Sinnlichkeit, Verbindung, Mitgefühl

Sie ist die Kraft, die sagt: *„Ich fühle. Ich empfange.
Ich lasse geschehen.“*

Wenn sie verletzt oder verdrängt ist, spüren wir:

- Kontrolle statt Hingabe
- Überfunktionieren
- Verlust von Weichheit und Genuss

- Angst vor Nähe oder Offenheit
- Abgeschnittene Emotionen

Das innere Ungleichgewicht erkennen

Ein Mann, der zu wenig mit seinem inneren Mann
verbunden ist, wird:

- weich ohne Rückgrat
- überemotional oder überangepasst
- unsicher, konfliktscheu
- oft abhängig von der Bestätigung anderer

Eine Frau, die zu wenig mit ihrer inneren Frau verbunden
ist, wird:

- hart, kontrollierend, unnahbar
- ständig im Tun, selten im Sein
- überfordert, aber unfähig abzugeben
- körperlich abgeschnitten (z. B. vom Schoßraum, vom
  Herzen)

Was passiert in Beziehungen, wenn die Pole kippen?

Wenn der Mann seine männliche Kraft verliert und die
Frau in die männliche Rolle rutscht, entsteht Spannung:

- Der Mann wird passiv, unsichtbar, sucht Harmonie
  statt Klarheit.

- Die Frau übernimmt, kontrolliert, wird zur
  Macherin – aber innerlich müde und leer.
- Beide sehnen sich nach etwas anderem – können es
  aber nicht mehr leben.

Und umgekehrt:

- Wenn der Mann nur im Machen ist und seine Gefühle
  nicht zulässt, verliert er die Verbindung.
- Wenn die Frau nur fühlt, aber keine Richtung kennt,
  verliert sie sich im Chaos.

Heilung beginnt innen

Die Lösung liegt nicht im „Zurück zu alten
Rollenbildern“, sondern in der bewussten **Integration
beider Kräfte**. Wenn du als Mann deine weibliche Seite
annimmst, wirst du nicht schwächer – du wirst echter.
Wenn du als Frau deine männliche Kraft integrierst, wirst
du nicht kälter – du wirst freier.

*„Wenn mein innerer Mann meine innere Frau achtet –
und meine innere Frau meinem inneren Mann vertraut –
dann entsteht in mir eine Beziehung, die trägt. Und nur
dann kann ich im Außen in Beziehung wahrhaftig sein.“*

Übung 1: Begegne deinem inneren Mann und deiner inneren Frau

Ziel: Die zwei inneren Anteile kennenlernen und ihren Zustand wahrnehmen.

Anleitung:

Finde einen ruhigen Ort. Schließe deine Augen, atme tief ein und aus.

Visualisiere deinen inneren Mann.
Stell dir vor, dieser Teil steht vor dir. Wie sieht er aus?

- Wie ist seine Haltung, sein Gesicht, seine Kleidung?
- Wie fühlt er sich an?
  Stark, abwesend, überfordernd, klar?
- Was sagt er dir? Was denkt er über dich?
- Hat er Raum in dir – oder wurde er unterdrückt?

Visualisiere deine innere Frau.
Jetzt tritt deine innere Frau hinzu.

- Wie wirkt sie? Sanft, wild, verletzt, strahlend?
- Ist sie sichtbar oder versteckt?
- Was fühlt sie? Was möchte sie dir sagen?
- Wie ist die Beziehung zwischen den beiden?

Beobachte das Zusammenspiel.

- Schauen sich beide an?
- Vertrauen sie sich?
- Gibt es Spannung oder Nähe?
- Was fehlt, was wünscht sich jeder Teil?

→ *Schreibe danach frei auf, was du erlebt hast – so, als würdest du über zwei Personen berichten.*

Übung 2: Yin und Yang im Alltag bewusst leben

Ziel: Die männlichen und weiblichen Prinzipien konkret im Alltag spüren und kultivieren.

Anleitung:

Erstelle zwei kleine Listen:

Mein innerer Mann lebt durch:

(z. B. Struktur, Klarheit, Planung, Entscheidungen treffen, Ziele setzen, Präsenz)

→ Heute stärke ich ihn, indem ich:

- eine klare Entscheidung treffe.
- mich zu 100 % einer Aufgabe widme.
- Grenzen setze oder Verantwortung übernehme.

Meine innere Frau lebt durch:

(z. B. Intuition, Fühlen, Empfangen, Loslassen,
Kreativität, Stille)

→ Heute nähre ich sie, indem ich:

* eine Pause mache und einfach bin.
* in mein Herz lausche.
* schreibe, male, tanze oder barfuß gehe.
* mit offenem Herzen einem anderen Menschen
  begegne.

Tipp: Nimm dir bewusst Zeit für beide Listen – sie
zeigen dir, welche Energie dir fehlt – und welche du
überlebst.

Kapitel 5 – Wenn Frauen zu Männern werden und Männer zu Frauen

Immer wieder begegnen wir in der Arbeit mit Paaren einem zentralen Phänomen: Eine Frau, die innerlich zur „Macherin" geworden ist, übernimmt das Steuer. Ein Mann, der sich zurückzieht oder übermäßig angepasst ist, verliert seine Klarheit. Und beide wundern sich, warum sie sich nicht mehr spüren – nicht sich selbst und nicht einander.

Was hier passiert, ist keine Schuldfrage. Es ist ein Spiegel eines tiefen kollektiven Ungleichgewichts. Und es hat weitreichende Auswirkungen auf Liebe, Lust, Nähe und Vertrauen.

Wenn die Frau zur inneren Kriegerin wird

Viele Frauen wurden stark, weil sie stark sein mussten. Sie übernahmen Verantwortung, weil niemand anderes da war. Sie planten, organisierten, führten – oft auch emotional. Doch innerlich geschieht dabei oft etwas Tragisches: Die Frau verliert die Verbindung zu ihrem inneren Weiblichen.

Sie lebt im **Tun statt im Sein**, im **Kopf statt im Körper**, in der **Kontrolle statt in der Hingabe**.

- Sie will alles alleine schaffen – weil sie niemandem mehr vertraut.

- Sie lässt keinen Raum mehr für den Mann – weil sie ihn unbewusst als zu schwach erlebt.
- Sie sehnt sich nach Gehaltenwerden – kann es aber nicht zulassen.

Sie ist erschöpft von der eigenen Stärke. Und doch kann sie nicht loslassen. Denn wer loslässt, muss vertrauen. Und das hat oft früher zu Verletzung geführt.

Wenn der Mann in sich weich wird – und sich verliert

Viele Männer haben gelernt, dass klassische Männlichkeit gefährlich sei. Dass Klarheit schnell als Dominanz gilt. Dass sie lieber „emotional zugänglich" sein sollen, statt stark. Und so weichen sie oft aus: in Passivität, Anpassung oder emotionale Unsicherheit.

- Er fragt, statt zu führen.
- Er wartet, statt zu handeln.
- Er harmonisiert, statt Stellung zu beziehen.
- Er verliert seine Richtung – und mit ihr seinen inneren Halt.

Der Mann fühlt – doch er wird nicht mehr gespürt.

Er ist da – aber nicht präsent.

Viele Frauen erleben ihn nicht mehr als verlässlich oder kraftvoll. Und der Mann, der eigentlich Verbindung sucht, wird unbewusst zurückgewiesen.

Beide in der falschen Rolle – beide unglücklich

Wenn die Frau männlich wird und der Mann weiblich,
entstehen oft diese Dynamiken:

- **Kampf statt Liebe**: Zwei „Männer" ringen um
  Führung – einer davon im Körper einer Frau.
- **Lustlosigkeit**: Die sexuelle Polarität stirbt, wenn die
  inneren Pole vertauscht sind. Es fehlt an Spannung,
  Anziehung, Hingabe.
- **Verlust von Respekt**: Der Mann verliert den
  Respekt der Frau – die Frau verliert die Achtung vor
  sich selbst.
- **Einsamkeit zu zweit**: Beide fühlen sich
  unverstanden – obwohl sie nebeneinander leben.

Aber: Es ist kein Fehler. Es ist eine Chance.

Diese Rollenverwechslung ist kein persönliches Versagen.
Sie ist ein Weckruf. Ein Zeichen, dass etwas in der Tiefe
wieder in Ordnung gebracht werden will.

- Die Frau darf wieder weich werden. Ohne sich zu
  verlieren.
- Der Mann darf wieder klar werden. Ohne zu
  verletzen.
- Beide dürfen sich erinnern, wer sie wirklich sind –
  jenseits der Muster, jenseits der Angst.

„Wenn ich aufhöre, eine Rolle zu spielen, und beginne, meiner Essenz zu vertrauen, entsteht wieder Raum für echte Verbindung. Ich muss nicht anders werden – ich muss nur ich selbst sein dürfen."

Übung 1: In welcher Rolle lebe ich wirklich?

Ziel: Sich bewusst machen, ob man im eigenen Leben die Rolle lebt, die der inneren Essenz entspricht – oder eine, die man aus Schutz übernommen hat.

Anleitung:

Nimm dir Zeit und beantworte folgende Fragen schriftlich:

Für Frauen:

- Übernehme ich oft die Führung – weil ich denke, es sonst niemand tut?
- Fühle ich mich sicherer, wenn ich alles kontrolliere?
- Fällt es mir schwer, zu vertrauen, zu empfangen, mich hinzugeben?
- Erlaube ich mir, schwach zu sein – oder verurteile ich das in mir?

Für Männer:

- Weiche ich oft aus, um Konflikte zu vermeiden?
- Fühle ich mich machtlos, wenn ich klar sein müsste?
- Verliere ich meine Richtung, wenn andere emotional werden?
- Habe ich Angst, als „zu stark" oder „zu männlich" wahrgenommen zu werden?

Spüre danach in dich hinein:
Welche Rolle spiele ich gerade – und fühlt sie sich ehrlich an? Oder ist es ein Überlebensmuster?

→ *Schreib den Satz zu Ende:*
„Ich spiele oft die Rolle von ..., obwohl ich mich eigentlich nach ... sehne."

Beispiel: *„Ich spiele oft die Rolle der starken Frau, obwohl ich mich nach Gehaltenwerden sehne."*

Übung 2: Rückkehr zur eigenen Essenz

Ziel: Die eigene männliche oder weibliche Energie wieder bewusst einladen und verkörpern.

Anleitung:

Wähle eine der beiden Energien, die du wieder mehr leben willst – **weiblich (empfangend, weich, sinnlich)** oder **männlich (klar, kraftvoll, präsent)** – und widme ihr einen Moment in deinem Tag.

Für Frauen – Rückkehr zur Weiblichkeit:

- Trage weiche Kleidung oder etwas, worin du dich sinnlich fühlst.
- Tanze barfuß zu Musik, die dich weich macht.
- Mach etwas langsam – bewusst langsam.
- Übe, nichts zu tun – einfach nur zu sein.
- Empfange eine Berührung, ein Kompliment, Hilfe – ohne direkt zurückzugeben.

Für Männer – Rückkehr zur Männlichkeit:

- Setz dich aufrecht hin – ganz wach, ganz klar.
- Triff heute eine Entscheidung bewusst, ohne zu zögern.
- Schaue jemandem offen in die Augen – mit Klarheit.
- Setze eine Grenze, wo du dich sonst zurückziehst.
- Nimm deine Kraft nicht zurück – sondern halte sie liebevoll präsent.

Abschlusssatz für beide:

„Ich erlaube mir, wieder zu sein, wer ich bin – nicht wer ich sein musste.“

Zitate zur Vertiefung

„Viele Frauen wurden stark, weil niemand da war, der sie halten konnte. Und viele Männer wurden weich, weil niemand ihnen zeigte, wie man kraftvoll liebt."
– René Lochmann

„Ein Mann verliert seine Männlichkeit nicht, wenn er fühlt. Er verliert sie, wenn er sich selbst aufgibt, um geliebt zu werden."
– Aus der Paararbeit

„Die Frau, die alles unter Kontrolle hat, sehnt sich oft am meisten danach, sich endlich fallenlassen zu dürfen – aber sie weiß nicht mehr wie."
– Praxisbeobachtung

„Wenn beide Partner die Rolle des anderen spielen, stehen zwei verlorene Seelen voreinander – und beide fragen sich, warum die Verbindung fehlt."
– Aus einem Klientengespräch

Praxisbeispiel 1 – Die starke Frau, die sich nach Loslassen sehnt

Anna, Mitte 30, erfolgreiche Unternehmerin, erzählt in einer Paarberatung:

„Ich bin immer die, die alles regelt. Ich verdiene mehr, ich plane den Alltag, ich übernehme Verantwortung – weil ich muss. Und ehrlich? Ich beneide Frauen, die sich einfach mal fallen lassen können. Aber ich weiß gar nicht, wie das geht. Wenn ich loslasse, passiert einfach nichts. Ich fühle mich wie eine Festung mit weichem Kern – aber keiner sieht diesen Kern.“

Ihr Partner, ein eher stiller Mann, sagt:

„Ich würde gern mehr übernehmen, aber ich habe das Gefühl, sie traut mir nichts zu. Und dann ziehe ich mich zurück, weil ich keinen Platz finde.“

→ Beide sind verletzt. Beide sehnen sich nach Nähe. Aber beide stecken in vertauschten Rollen fest.
Durch die Arbeit mit den inneren Anteilen findet Anna langsam wieder Zugang zur weiblichen Kraft – und ihr Partner beginnt, seine eigene Klarheit und Präsenz zurückzuholen.

Praxisbeispiel 2 – Der angepasste Mann, der sich selbst verliert

Tom, Anfang 40, sagt in einer Sitzung:

„Ich mache alles, was meine Frau will. Ich frage, was sie braucht, ich achte auf ihre Gefühle, ich bin immer da. Und trotzdem habe ich das Gefühl, sie zieht sich zurück. Ich verstehe es nicht – ich gebe doch alles.“

Die Partnerin wirkt kühl und distanziert. Auf Nachfrage sagt sie leise:

„Er ist wie ein guter Freund. Aber ich spüre ihn nicht als Mann. Ich wünschte, er würde mich mal festhalten, statt mich ständig zu fragen, was ich will.“

→ **Tom hat gelernt, Konflikte zu vermeiden, Liebe über Anpassung zu sichern.**
In der Begleitung beginnt er, wieder Kontakt zu seinem inneren Mann aufzunehmen – nicht laut, nicht dominant, sondern präsent, klar, verlässlich.
Die Beziehung beginnt sich langsam neu auszurichten.

„Wenn die Frau nicht mehr loslassen kann und der Mann nicht mehr halten will, dann stirbt die Polarität – und mit ihr die Tiefe der Beziehung.“

Kapitel 6 – Archetypen und das verlorene Gleichgewicht

Bevor wir etwas wurden, waren wir etwas. Tief in unserem Inneren, jenseits von Erziehung, Gesellschaft und Konditionierung, leben Urbilder. Sie sprechen aus Träumen, Mythen, Geschichten, Symbolen – und vor allem aus unserem Verhalten. Es sind Archetypen – seelische Grundmuster, die jeder Mensch in sich trägt.

Wenn wir von Mann und Frau sprechen, sprechen wir nie nur von Biologie. Wir sprechen von Energie, von inneren Kräften. Und genau hier beginnen Archetypen zu wirken: als Spiegel unserer Essenz und unserer Schatten.

Was sind Archetypen?

Archetypen sind universelle Muster. Sie existieren in jedem Menschen – über alle Kulturen hinweg – und verkörpern bestimmte Qualitäten, Kräfte, Erfahrungen. Ein Archetyp ist mehr als eine Rolle.
Er ist ein energetischer Ausdruck. Er zeigt sich in unseren Träumen, Fantasien, in der Art, wie wir lieben, leiden, kämpfen oder fliehen.

Männliche Archetypen (Auswahl)

- **Der König** – steht für Ordnung, Würde, Autorität, Klarheit
  - → in Balance: führt mit Herz und Richtung
  - → im Schatten: tyrannisch oder schwach

- **Der Krieger** – steht für Mut, Handlung, Abgrenzung
  - → in Balance: schützt, entscheidet, handelt
  - → im Schatten: zerstörerisch oder feige

- **Der Magier** – steht für Weisheit, Transformation, inneres Wissen
  - → in Balance: erkennt tiefe Zusammenhänge
  - → im Schatten: manipuliert, entzieht sich

- **Der Liebhaber** – steht für Lebendigkeit, Sinnlichkeit, Verbindung
  - → in Balance: fühlt, liebt, genießt
  - → im Schatten: sucht Abhängigkeit oder verliert sich

Weibliche Archetypen (Auswahl)

- **Die Königin** – steht für Würde, Selbstachtung, Souveränität
    - → in Balance: empfängt, führt mit Herz
    - → im Schatten: kontrollierend oder unterwürfig

- **Die Kriegerin** – steht für klare Grenzen, innere Stärke, Schutz
    - → in Balance: kämpft für das Wesentliche
    - → im Schatten: hart, unnachgiebig, unnahbar

- **Die Heilerin** – steht für Mitgefühl, Intuition, Weisheit
    - → in Balance: nährt und transformiert
    - → im Schatten: überverantwortlich, aufopfernd

- **Die Liebende** – steht für Hingabe, Sinnlichkeit, Öffnung
    - → in Balance: liebt tief und frei
    - → im Schatten: abhängig, besitzergreifend

Das verlorene Gleichgewicht

Wenn bestimmte Archetypen überbetont sind – oder
völlig verdrängt werden – kippt unser inneres
Gleichgewicht.

Beispiel:

- Ein Mann, der nur „Liebhaber" ist, ohne Krieger oder
  König, wird weich, aber haltlos.
- Eine Frau, die nur „Kriegerin" lebt, verliert ihre
  Sinnlichkeit und ihre intuitive Weisheit.

**Unser heutiges Ungleichgewicht ist kein
persönliches Versagen – sondern ein kollektives
Echo.**

Viele Männer haben keinen Zugang mehr zum König.
Viele Frauen haben die Liebende geopfert, um zu
funktionieren.

Und beide spüren: *Etwas fehlt. Etwas lebt nicht mehr.
Etwas will zurückkehren.*

Der Weg zur Integration

Heilung bedeutet nicht, „den richtigen Archetyp zu leben".

Heilung bedeutet, **alle Teile wieder einzuladen – und sie bewusst zu balancieren.**

Frage dich:

- Welcher Archetyp ist in mir zu stark?
- Welcher fehlt völlig?
- Welchen habe ich unterdrückt – aus Angst, verletzt zu werden?

Nur wenn die Königin wieder tanzen darf und der Krieger nicht mehr allein kämpft, nur wenn der Liebhaber sich zeigen darf und der König Verantwortung übernimmt, entsteht im Inneren wieder Ordnung. Und dann wird auch Beziehung wieder möglich – auf Augenhöhe, in Polarität, in Tiefe.

Noch ein Impuls:

„Du bist nicht nur eine Rolle. Du bist ein innerer Kosmos – voll Licht, voll Schatten, voll Kraft. Deine Seele erinnert sich. Jetzt darfst du es auch."

Übung: Deine inneren Archetypen erkennen und balancieren

Ziel: Herausfinden, welche Archetypen du stark lebst – und welche du vielleicht vergessen oder verdrängt hast.

Anleitung:

Nimm dir Zeit, atme tief durch – und lies dir die folgenden Archetypen langsam durch. Spüre bei jedem, ob er in dir lebendig ist, schwach, überbetont oder gar nicht vorhanden.

Männlich:

- König – *Führe ich mit Klarheit und Würde?*
- Krieger – *Stehe ich für mich ein? Handle ich klar?*
- Magier – *Vertraue ich meiner inneren Weisheit?*
- Liebhaber – *Erlaube ich mir Nähe, Lust, Verbindung?*

Weiblich:

- Königin – *Ruhe ich in meiner Würde und empfange ich?*
- Kriegerin – *Setze ich klare Grenzen mit Herz?*
- Heilerin – *Bin ich in Kontakt mit meiner Intuition?*
- Liebende – *Erlaube ich mir Hingabe, Sinnlichkeit, Öffnung?*

Markiere für jeden Archetypen spontan:
→ Lebendig | Unterdrückt | Übertrieben | Abwesend

Reflektiere schriftlich:

- *Welche Anteile habe ich verdrängt, weil sie als „schwach", „gefährlich" oder „nicht erlaubt" galten?*
- *Welche Anteile übernehme ich für andere – statt sie aus mir heraus zu leben?*
- *Welcher Archetyp ruft mich gerade in meinem Leben – und was hält mich zurück, ihn zu leben?*

Modell: Der Archetypen-Kompass

Visualisiere deine innere Landschaft als Kompass –
mit 4 Hauptfeldern:

Norden (König/Königin)

West (Krieger/in)   +   Ost (Heiler/in)

Süden (Liebhaber/in)

Bedeutung:

- **Norden – Führung:** Lebe ich meine Klarheit, meine Verantwortung, meine Autorität?

- **Westen – Aktion:** Handle ich mutig? Setze ich Grenzen? Stehe ich zu mir?

- **Osten – Intuition:** Höre ich auf meine innere Stimme? Erkenne ich Muster und Wahrheit?

- **Süden – Verbindung:** Erlaube ich mir Nähe, Hingabe, Lust und Liebe?

Wie nutze ich den Kompass?

- Spüre, wo du innerlich zu sehr verharrst – und wo dir etwas fehlt.
- Wahre innere Balance entsteht, wenn du dich zwischen den Polen bewegen kannst – bewusst und frei.

„Ich bin nicht nur ein Ich – ich bin ein Kreis. Und wenn alle meine inneren Stimmen wieder sprechen dürfen, entsteht in mir wieder Heimat.“

Kapitel 7 – Die Heilung der inneren Beziehung

Die wichtigste Beziehung deines Lebens ist die zwischen dir – und dir selbst.
Genauer gesagt: zwischen deinem inneren Mann und deiner inneren Frau.

Solange diese beiden Kräfte im Konflikt sind, suchst du im Außen, was im Inneren fehlt.
Du hoffst auf Sicherheit durch einen anderen, weil dein innerer Mann nicht schützt.
Du suchst nach bedingungsloser Liebe, weil deine innere Frau keine Weichheit mehr findet.

Doch wirkliche Heilung beginnt nicht in der Partnerschaft. Sie beginnt **in dir**.

Was heißt „innere Beziehung"?

Stell dir vor, dein Inneres ist wie eine Partnerschaft:

- Dein **innerer Mann** will führen, strukturieren, beschützen, für dich da sein.
- Deine **innere Frau** will fühlen, empfangen, erschaffen, vertrauen.

Wenn beide nicht miteinander sprechen, nicht vertrauen, sich nicht sehen – dann ist da keine Verbindung.
Und genau so fühlen wir uns oft: zerrissen, leer, unklar, innerlich gespalten.

Anzeichen für eine gestörte innere Beziehung:

- Du fühlst dich unsicher, obwohl im Außen alles stabil ist.
- Du bist überaktiv oder lethargisch – aber selten in Balance.
- Du sehnst dich nach Bestätigung – ständig, obwohl du funktionierst.
- Du schwankst zwischen Kontrolle und Chaos, zwischen Funktionieren und Zusammenbrechen.
- In Beziehungen wiederholen sich Muster: Anziehung, Kampf, Rückzug, Leere.

Wie beginnt Heilung?

Heilung beginnt mit einem Schritt: **Zuhören.**
Dein innerer Mann hat etwas zu sagen.
Deine innere Frau auch. Aber vielleicht hören sie sich seit Jahren nicht mehr zu.

Vielleicht sagt dein innerer Mann:
„Ich wollte dich nur beschützen. Aber du hast mich abgelehnt.“

Vielleicht flüstert deine innere Frau:
„Ich wollte dir vertrauen. Aber du warst nie da.“

Es braucht Raum, Zeit, Geduld – aber wenn beide Anteile wieder in Beziehung treten, entsteht eine völlig neue innere Realität.

Was passiert, wenn die Beziehung heilt?

- Du wirst klar, aber weich.
- Du entscheidest, aber aus dem Herzen.
- Du liebst, ohne dich zu verlieren.
- Du kannst empfangen, ohne dich abhängig zu machen.
- Du ruhst in dir – weil in dir Frieden ist.

Das ist keine Idee – das ist gelebte innere Alchemie.

Die Essenz: Liebe dich GANZ

Solange du nur einen Teil in dir lebst – den Funktionierer, die Fühlende, den Macher, die Hingebende – wirst du nie ganz du selbst sein.

Heilung bedeutet, **beide Anteile zu lieben** – auch wenn sie unbequem sind.
Denn: Dein innerer Mann braucht die Liebe deiner inneren Frau.

Und deine innere Frau braucht den Halt deines inneren Mannes.

„Ich bin nicht mehr gegen mich. Ich bin für mich – ganz.“

Heilreise: Die Begegnung von innerem Mann und innerer Frau

Ziel: Die zwei inneren Anteile (männlich & weiblich) in einen bewussten Kontakt bringen – für Versöhnung, Vertrauen und innere Ganzheit.

Anleitung:

Nimm dir ca. 20 Minuten Zeit. Wähle einen ruhigen Ort. Setz dich oder lege dich bequem hin. Du kannst die Reise lesen, aufnehmen oder von jemandem sprechen lassen.

Reisebeginn

Schließe die Augen.
Atme tief durch.
Ein... und aus...
Noch einmal...

Mit jedem Atemzug sinkst du etwas tiefer in deinen Körper.
In deinen Raum.
In dich.

Spüre: Dies ist deine Zeit. Dein Inneres darf jetzt sprechen.

Ein Ort der Begegnung

Stell dir vor, du gehst an einen Ort – sicher, ruhig, schön.
Ein Raum, der nur dir gehört. Vielleicht ein Garten, ein
Tempel, ein stiller See.
Lass diesen Ort entstehen, ohne zu kontrollieren.
Spüre ihn.

Hier wirst du gleich zwei Anteile von dir begegnen.
Dem inneren Mann – und der inneren Frau.

Begegnung mit dem inneren Mann

Ein Mann tritt hervor. Dein innerer Mann.
Wie sieht er aus?
Wie alt ist er?
Wie fühlt er sich an?

Beobachte ihn – ohne Urteil.
Spüre: Ist er präsent? Wach? Erschöpft? Abwesend?

Stell dich ihm vor. Sage innerlich:
„Ich sehe dich. Ich bin bereit, dich kennenzulernen."

Wenn du magst, frage ihn:

- *„Was brauchst du von mir?"*
- *„Was willst du mir geben?"*
- *„Was trägst du schon zu lange allein?"*

Höre, was kommt. Vielleicht Worte, Bilder, Emotionen.

Begegnung mit der inneren Frau

Nun tritt sie hervor.
Deine innere Frau.
Wie sieht sie aus?
Wie bewegt sie sich?
Ist sie offen? Verletzlich? Stark? Still?

Spüre ihre Präsenz.
Begrüße sie mit einem inneren Satz:

„Ich sehe dich. Ich möchte dich wieder fühlen.“

Frage auch sie:

- *„Was hast du vermisst?“*
- *„Was willst du mir schenken?“*
- *„Was brauchst du, um dich sicher zu fühlen?“*

Lausche auch hier – ganz offen, ganz liebevoll.

Die heilige Begegnung

Jetzt stehen beide vor dir.
Dein innerer Mann – deine innere Frau.
Lass sie einander anschauen.
Gibt es Spannung, Sehnsucht, Stille, Trauer,
Wiedererkennen?

Vielleicht gehen sie aufeinander zu.
Vielleicht sprechen sie.
Vielleicht reicht ein Blick – ein Nicken – ein tiefes
Spüren.

Lass sie sich begegnen – in ihrem eigenen Tempo.

Wenn es stimmig ist, stelle folgende Sätze in den Raum:

„Ich danke dir, dass du da bist.“
„Ich ehre dich in deiner Kraft.“
**„Ich bin bereit, wieder mit dir in Beziehung zu
treten.“**

Spüre, was diese Sätze bewirken – in dir, in ihnen, in
eurem Raum.

Rückkehr

Verabschiede dich sanft.
Du kannst jederzeit zurückkommen.
Nimm drei tiefe Atemzüge.

Spüre deinen Körper. Deine Hände. Deine Füße.

Bewege dich sanft.

Öffne die Augen.

Willkommen zurück.

Tipp: Schreib danach frei auf, was du erlebt hast. Worte, Bilder, Emotionen – alles darf sein. Die innere Beziehung beginnt nicht mit Kontrolle, sondern mit Liebe.

Kapitel 8 – Rituale, Übungen und Räume für Wachstum

Veränderung geschieht nicht durch Wissen allein. Sie geschieht durch Erfahrung. Durch tägliches Erleben, durch gelebte Achtsamkeit, durch bewusste Momente, die unser inneres System neu programmieren.

Dieses Kapitel ist eine Einladung, das, was du über dich erkannt hast, in Handlung zu verwandeln – liebevoll, kraftvoll, ganz in deinem Tempo.

Denn: Heilung ist nicht linear. Wachstum ist zyklisch. Und Integration braucht Wiederholung, Raum, Körper und Zeit.

Warum Rituale?

Rituale sind **heilige Gewohnheiten**.
Sie holen das Unbewusste ins Bewusstsein.
Sie schaffen Anker in einer Welt voller Ablenkung.
Sie erinnern uns an das, was wir oft vergessen: Wer wir wirklich sind.

Ein Ritual muss nicht groß sein. Es muss **echt** sein.

Ritualideen für die weibliche Kraft (Empfang, Hingabe, Gefühl)

- **Yin-Zeit am Abend:**
  Jeden Abend 20 Minuten ohne Ziel. Tee, Musik,
  Weichheit. Nur sein. Nur fühlen. Kein Handy, kein
  Denken, kein Plan.

- **Körperritual mit Öl:**
  Berühre dich mit warmem Öl (z. B. Sesam oder
  Mandel), als wärst du deine eigene Geliebte. Spüre
  dich. Nähre dich.
  Sag dir innerlich:
  „Ich bin weich. Ich bin ganz. Ich empfange mich."

- **Intuitives Tanzen:**
  Musik an, Augen zu, Bewegungen ohne Form.
  Lass deinen Körper führen.
  Er darf traurig, wild, langsam, ekstatisch sein – alles
  ist erlaubt.

Ritualideen für die männliche Kraft (Klarheit, Präsenz, Fokus)

- **Morgenstruktur:**
  Jeden Morgen 10 Minuten für Klarheit: Was ist mein Ziel heute? Was ist wesentlich?
  Schreibe drei klare Sätze auf – nicht mehr.

- **Stilles Sitzen (Männermeditation):**
  Setz dich aufrecht hin. Atme. Tu nichts. Halte den Raum. Spüre deine Wirbelsäule, deine Präsenz.
  Sag dir innerlich:
  „Ich bin da. Ich halte. Ich führe mich selbst."

- **Grenzen setzen üben:**
  Jeden Tag bewusst einmal „Nein" sagen, wo du sonst nachgeben würdest.
  Nicht hart, sondern klar. Spüre, wie sich deine Energie verändert.

Gemeinsame Rituale (Polarität & Beziehung nähren)

- **Atem in Verbindung:**
Setzt euch gegenüber. Atmet gemeinsam – ein, aus.
Kein Reden. Nur spüren.
Lasst eure Energien sich finden – ohne Druck, ohne Ziel. 5 Minuten reichen.

- **Wöchentlicher „Wahrheitsabend":**
Einmal pro Woche: Kerze an, Stille, jeder spricht 5 Minuten.
„Was habe ich diese Woche gefühlt, was ich dir noch nicht gesagt habe?"
Kein Kommentar, kein Ratschlag. Nur hören.
Herz zu Herz.

- **Berührung ohne Ziel:**
20 Minuten Zeit nehmen: einer empfängt, einer gibt – mit Händen, mit Präsenz, mit Stille.
Keine Erotik, kein Sex – nur Nähe, Energie, Präsenz.
Danach die Rollen tauschen.

Räume für Wachstum

- **Männer- & Frauenkreise:**
  Räume, in denen man sich ohne Maske zeigen darf,
  gesehen wird, sich erinnert.

- **Retreats, Naturzeit, Stille-Tage:**
  Der Alltag konditioniert – der Rückzug heilt.

- **Körperarbeit, Atmung, Stimmarbeit:**
  Der Körper vergisst nicht – aber er kann sich
  erinnern, wenn man ihn lässt.

- **Therapie, Coaching, Begleitung:**
  Es ist kein Zeichen von Schwäche, sich führen zu
  lassen – es ist ein Zeichen von Reife.

*„Wachstum braucht keinen Druck. Es braucht Räume,
Rituale – und den Mut, immer wieder neu zu beginnen."*

Kapitel 9 – Beziehung als Spiegel und Chance zur Transformation

Beziehung ist nicht dafür da, dich glücklich zu machen.
Beziehung ist dafür da, dich **ganz** zu machen.

Wir begegnen in der Liebe nicht nur dem anderen – wir
begegnen **uns selbst**. Unseren Sehnsüchten, Ängsten,
Schatten, Kindheitsprägungen, Erwartungen,
Hoffnungen. Beziehung ist der Ort, an dem alles sichtbar
wird, was im Verborgenen schlummert. Und genau darin
liegt ihr Potenzial – und ihre Herausforderung.

Warum zieht mich genau dieser Mensch an?

Am Anfang ist da oft Magie. Anziehung. Vertrautheit.
Eine Art inneres Wiedererkennen.
Das liegt nicht nur an der Chemie – sondern daran, dass
unser Gegenüber unbewusst etwas **repräsentiert**, was in
uns selbst ruft:

- Der starke Partner spiegelt vielleicht unsere verdrängte
  Sehnsucht nach Halt.
- Die wilde Geliebte weckt unsere unterdrückte
  Lebendigkeit.
- Der verschlossene Mensch triggert unsere Angst vor
  Ablehnung – oder unseren alten Schmerz, nicht
  gehört zu werden.

Beziehung ist kein Zufall. Sie ist ein Spiegel deiner
inneren Beziehung zu dir selbst.

Drei Phasen der bewussten Beziehung

- **Anziehung (Spiegel der Sehnsucht):**
  „Du hast etwas, das ich verloren habe."
  In dieser Phase verlieben wir uns oft in das, was uns
  selbst fehlt.
  Wir fühlen uns gesehen – aber in Wahrheit sehen wir
  eine Projektion.

- **Krise (Spiegel der Wunde):**
  „Du triggerst, was ich nicht heilen konnte."
  Hier beginnt das Ringen. Nähe macht Angst.
  Autonomie macht Einsamkeit.
  In dieser Phase entscheiden viele:
  Flucht oder Wachstum?

- **Wachstum (Spiegel der Wahrheit):**
  „Ich liebe dich – ohne dich für mein Glück
  verantwortlich zu machen."

Hier beginnt Beziehung als Heilraum. Jeder übernimmt
Verantwortung für sein Inneres.

Die Liebe wird tiefer, stiller, echter.

Der Partner ist nie das Problem

In Wahrheit „macht" dich niemand wütend, unsicher, klein oder bedürftig.Der andere **berührt nur das in dir**, was schon da ist.Deshalb ist Beziehung der ehrlichste Lehrer: Sie zeigt, was in dir noch nicht in Frieden ist.

„Du bist nicht schuld an meinem Schmerz – aber du zeigst mir, wo ich noch heilen darf."

Wie wird Beziehung zum Transformationsraum?

- Indem du aufhörst, den anderen zu verändern – und beginnst, dich selbst zu erkennen.
- Indem du Trigger als Einladungen siehst – nicht als Angriffe.
- Indem du deine Bedürfnisse nicht forderst, sondern fühlst und benennst.
- Indem ihr euch als Spiegel seht – nicht als Feinde.

Tiefe Beziehung braucht zwei ganze Menschen

Kein Mensch kann deinen inneren Mangel füllen.
Aber zwei Menschen, die sich selbst erkennen, können gemeinsam **wachsen, erinnern, lieben**.
Nicht perfekt. Aber ehrlich. Nicht immer harmonisch. Aber heilsam.

„Beziehung ist kein Ort, an dem du dich verlierst. Sie ist der Raum, in dem du dich findest – im Spiegel des Anderen."

Übung 1: Der bewusste Trigger – dein Spiegelmoment

Ziel: Lernen, emotionale Reaktionen nicht als Angriff zu sehen, sondern als Einladung zur Selbsterkenntnis.

Anleitung:

Erinnere dich an einen Moment, in dem dich dein Partner oder eine andere nahestehende Person stark emotional getriggert hat.
(Wut, Rückzug, Angst, Eifersucht, Ohnmacht...)

Stelle dir schriftlich folgende Fragen:

- *Was genau hat mich verletzt?*
- *Was habe ich über den anderen gedacht?*
  (z. B. „Er sieht mich nicht", „Sie liebt mich nicht wirklich")
- *Was fühle ich dabei – und woher kenne ich dieses Gefühl aus früherer Zeit?*
- Was zeigt mir dieser Moment über mich selbst – nicht über den anderen?

Abschlusssatz – schreibe ihn ehrlich zu Ende:

„Wenn ich ganz ehrlich bin, dann zeigt mir dieser Trigger, dass ich in mir selbst ..." **Beispiel:** *„... Angst habe, nicht wertvoll zu sein, wenn ich nicht funktioniere"*

Übung 2: Spiegelritual für Paare – sehen ohne Schuld

Ziel: Sich auf Augenhöhe begegnen – jenseits von Vorwurf und Verteidigung.

Anleitung (zu zweit):

Setzt euch gegenüber, stellt eine Kerze zwischen euch. Vereinbart: Jeder spricht nur über sich – kein „du machst", kein „du bist", keine Verteidigung.

Fragerunde (abwechselnd): Jede Person spricht 2–5 Minuten frei zu diesen drei Sätzen:

- *„In letzter Zeit habe ich mich oft so gefühlt: …"*
- *„Was ich mir von dir wünsche, ist: …"*
- *„Was ich über mich erkannt habe: …"*

Der andere hört zu. Kein Kommentar. Nur Präsenz.

Nachspüren:
Haltet Blickkontakt für 1 Minute – einfach nur sehen. Nicht bewerten. Nur begegnen.

„Ich bin nicht gegen dich. Ich bin für mich – und für uns."

Es ist nicht die Tiefe eines Gesprächs, sondern die **Wahrhaftigkeit**, die Verbindung schafft.

Kapitel 10 – Leitfaden zur Selbstreflexion

Selbsterkenntnis ist keine einmalige Erkenntnis – sie ist ein Weg.

Ein tägliches Sich-selbst-Erforschen.
Ein liebevolles Hinterfragen.
Ein mutiges Hinschauen.

Nicht um sich zu kritisieren – sondern um sich **wirklich zu begegnen**.

Dieser Leitfaden ist kein starres Schema. Er ist wie ein innerer Spiegel, den du immer wieder auf neue Weise benutzen kannst – morgens, abends, nach bestimmten Situationen oder einfach dann, wenn du das Gefühl hast: *Ich verliere mich gerade.*

Wie funktioniert Selbstreflexion?

Reflexion bedeutet nicht: analysieren, zerpflücken, kontrollieren.

Es bedeutet: ***lauschen, erkennen, fühlen.***

Mit Herz. Mit Klarheit.

Und mit der Bereitschaft, der Wahrheit Raum zu geben – auch wenn sie unangenehm ist.

Teil 1 – Die große Frage

Beginne mit einer ehrlichen Frage. Du brauchst nicht viele. Eine reicht.

Zum Beispiel:

- *Was geht gerade wirklich in mir vor – unter dem, was ich sage oder zeige?*
- *Welche Wahrheit vermeide ich gerade?*
- *Was versuche ich zu kontrollieren – und warum?*
- *Was wünsche ich mir vom Außen, was ich mir selbst nicht gebe?*
- *Was brauche ich eigentlich wirklich – und habe es noch nicht ausgesprochen?*

Schreibe intuitiv. Roh. Ohne Schönreden. Ohne zu löschen.

Teil 2 – Der Körper als Kompass

Unser Körper lügt nicht. Wenn Worte verwirren – frage deinen Körper.

- *Wo in meinem Körper spüre ich Spannung, Druck, Leere?*
- *Was sagt diese Stelle, wenn ich ihr eine Stimme gebe? (z. B. „Ich will raus hier", „Ich habe Angst", „Ich brauche Nähe")*
- *Was verändert sich, wenn ich dieser Stelle bewusst atme – statt sie zu ignorieren?*

Lass deinen Körper sprechen. Er weiß oft mehr als dein Verstand.

Teil 3 – Die Muster erkennen

Jeder Mensch hat seine Geschichten, seine Wunden, seine Strategien. Je bewusster du sie erkennst, desto freier wirst du.

Fragen, die dir helfen können:

- *In welchen Situationen reagiere ich immer gleich – obwohl ich es besser weiß?*
- *Welche Rolle spiele ich oft: Retter? Opfer? Perfektionist? Kontrolleur?*
- *Welches Gefühl versuche ich oft zu vermeiden – und womit ersetze ich es?*
- *Was glaube ich über mich selbst – und ist es wirklich wahr?*

→ *Beantworte: „Das Muster, das mich am meisten blockiert, ist …"*

Teil 4 – Integration & Entscheidung

Reflexion ohne Integration ist wertlos.

Frage dich zum Abschluss:

- *Was nehme ich heute wirklich mit – tief in mir, jenseits von Worten?*

- *Welcher nächste kleine Schritt fühlt sich wahr an – nicht perfekt, aber stimmig?*
- *Wem oder was will ich heute anders begegnen – bewusster, weicher, klarer?*

Schließe mit einem bewussten Satz – dein persönliches Tagesmantra:

„Ich entscheide mich heute für …"

(z. B. Präsenz, Ehrlichkeit, Mut, Hingabe, Rückzug, Klarheit)

„Selbsterkenntnis ist kein Akt der Kontrolle – sondern der Hingabe an das, was bereits in dir lebt."

7 Tage Selbstbeobachtung – Ein täglicher Kompass zu dir selbst

Jeder Tag steht unter einem bestimmten Fokus. Nimm dir jeweils morgens 5–10 Minuten zum Einstimmen und abends 10–15 Minuten zum Reflektieren.

Ein Notizbuch wird zu deinem Begleiter.

Tag 1 – Präsenz

Morgens:

- Womit will ich heute wirklich präsent sein?
- Wo verliere ich mich oft?

Abends:

- Woran habe ich heute gespürt, dass ich „da" war?
- Wo war ich abwesend – und warum?

Tag 2 – Emotion

Morgens:

- Welche Emotion vermeide ich am meisten?
- Was wäre, wenn ich sie heute zulasse – für einen Moment?

Abends:

- Was habe ich heute wirklich gefühlt?
- Wie bin ich damit umgegangen – offen, kontrolliert, flüchtend?

Tag 3 – Wahrheit

Morgens:

- Was weiß ich über mich – sage es aber nicht?
- Was wäre heute ein ehrlicher Satz – zu mir selbst oder jemandem?

Abends:

- Habe ich mich heute getraut, ehrlich zu sein?
- Was hat sich dadurch verändert – oder nicht?

Tag 4 – Körper

Morgens:

- Wo spüre ich heute meinen Körper am stärksten? Was sagt er mir?
- Womit kann ich ihn heute nähren oder ehren?

Abends:

- Wie habe ich meinen Körper heute behandelt –
  achtsam, funktional, liebevoll?
- Gab es Momente von Verbindung – oder nur
  Leistung?

Tag 5 – Beziehung

Morgens:

- Welche Energie bringe ich in meine Beziehungen –
  eher Nehmen oder Geben?
- Wem will ich heute aus dem Herzen begegnen – ohne
  Maske?

Abends:

- Gab es heute einen echten Moment von Nähe?
- Was hat mir gefehlt – und habe ich es ausgesprochen?

Tag 6 – Schatten

Morgens:

- Welche Seite von mir lehne ich (noch) ab?
- Was wäre, wenn ich sie heute einfach beobachte –
  statt sie zu bekämpfen?

Abends:

- Gab es heute einen Moment, wo ich mich selbst
  verurteilt habe?
- Was könnte ich diesem Anteil sagen, wenn ich
  Mitgefühl statt Kritik wähle?

Tag 7 – Integration

Morgens:

- Welche Kraft in mir darf heute mehr Raum
  bekommen – männlich oder weiblich?
- Wie kann ich beide Anteile bewusst leben?

Abends:

- Was habe ich in dieser Woche über mich gelernt?
- Welchen Teil von mir lade ich nun bewusst ein, in mir
  zu leben?

Abschlusssatz für den letzten Tag:

*„Ich bin nicht am Ziel – aber ich bin auf meinem Weg.
Und ich gehe ihn mit mir, nicht gegen mich.“*

Ritual: Vom Ich zum Wir – Öffnung für Begegnung

Ziel: Die eigene Innenschau ehren und bewusst in den Raum der Beziehung eintreten – offen, wach, in Verbindung.

Dauer: ca. 15–20 Minuten
Ort: Ein geschützter Raum, allein oder mit Partner:in
Begleitmittel (optional): Kerze, Musik, Duft, Tuch, Herzstein oder Symbol für „Verbindung"

1. Rückblick und Dank an das Ich

Setze dich ruhig hin. Atme ein paar Mal tief ein und aus.

Sprich innerlich oder laut:
„Ich danke mir für meinen Mut, mich selbst zu sehen.
Für jede Frage, jedes Gefühl, jeden Schritt nach innen.
Ich ehre meinen Weg, auch wenn er nicht gerade war."

Lege deine Hand auf dein Herz. Spüre: Ich bin hier. Mit mir. Für mich.

2. Der Schritt ins Du – bewusste Öffnung

Zünde eine Kerze an (oder stell dir innerlich Licht vor).

Wenn du magst, sprich:
„Ich öffne mich für Begegnung – echt, wach, verletzlich.
Ich weiß: Was ich in dir sehe, beginnt in mir.

Ich erlaube, dass Beziehung mich nicht nur berührt –
sondern verwandelt."

Wenn du allein bist, richte diese Worte an das Leben, an zukünftige Begegnungen oder an dein inneres Gegenüber.

3. Bewegung: Vom Innen ins Außen

Stehe langsam auf und gehe ein paar bewusste Schritte durch den Raum.

Mit jedem Schritt sprich leise oder innerlich:

„Ich komme mir näher – um dir nah zu sein."
„Ich nehme mich mit – in jede Verbindung."
„Ich will dich nicht benutzen – ich will dich begegnen."

Wenn du mit einem Menschen zusammen bist, könnt ihr euch nun gegenüberstellen – still, verbunden, ohne Worte. Nur Präsenz.

4. Abschluss und Übergang

Setze dich wieder hin. Atme tief.
Wenn du willst, lege ein Symbol (z. B. Stein, Tuch, Blume) zwischen dich und den leeren Raum – als Zeichen:
Jetzt beginnt Beziehung. Bewusster. Tiefer. Wahrer.

„Ich bin bereit, zu lieben – aus mir heraus, nicht aus meinem Mangel."

Kapitel 11 – Paararbeit: Wie Beziehungen heilen können

Eine Beziehung ist nicht dafür da, perfekt zu sein.
Sie ist da, um **wahr zu werden**.
Sie ist da, um zu wachsen, zu spiegeln, zu heilen, zu fordern – und zu tragen.

Wenn zwei Menschen bereit sind, sich nicht nur zu lieben, sondern sich **ehrlich zu begegnen**, beginnt Paararbeit.
Nicht als Therapieform – sondern als gelebte Praxis der **Bewusstwerdung in Beziehung**.

Was ist Paararbeit wirklich?

Paararbeit bedeutet nicht, den anderen zu reparieren.

Es bedeutet auch nicht, endlos an „Problemen zu arbeiten".
Es bedeutet: **gemeinsam hinzusehen – statt zu flüchten.**

Es bedeutet: **zu fühlen – statt zu kämpfen.**
Es bedeutet: **Verantwortung zu übernehmen – ohne Schuld zu verteilen.**

In der Tiefe ist Paararbeit die Kunst, **gemeinsam zu wachsen – ohne sich zu verlieren.**

Grundpfeiler der heilsamen Beziehung

- **Eigenverantwortung**
  Jeder ist für seine Emotionen, Muster, Wunden selbst
  verantwortlich.
  Keine Vorwürfe – nur ehrliche Selbsterkenntnis.

- **Radikale Ehrlichkeit**
  Nicht verletzend, aber klar. Gefühle werden geteilt –
  nicht verdrängt.
  Auch wenn es unbequem ist.

- **Bewusste Kommunikation**
  Ich-Botschaften. Zuhören statt Reagieren.
  Pausen statt Eskalation.

- **Räume für Begegnung**
  Feste Zeiten für Verbindung. Kein „zwischen Tür und
  Angel".
  Liebe braucht Raum – wie eine Pflanze Licht.

- **Polarität und Nähe**
  Nähe ohne Verschmelzung. Unterschiedlichkeit als
  Energiequelle, nicht als Bedrohung.

Die heilsamste Frage in der Paararbeit

„Was in mir will sich gerade durch dich zeigen?"

Wenn diese Frage ehrlich gestellt wird, verändert sich alles. Streit wird zum Spiegel. Rückzug wird zur Einladung. Die Beziehung wird zur Bühne der Seele – nicht zum Schlachtfeld des Egos.

Typische Wendepunkte in der Paararbeit

- **Vom Vorwurf zur Verantwortung:**
  „Du verletzt mich" wird zu: „Ich spüre gerade meine alte Wunde."

- **Vom Rückzug zur Offenheit:**
  „Ich ziehe mich zurück, um mich zu schützen" wird zu: „Ich will dir sagen, was ich brauche, statt zu fliehen."

- **Vom Machtkampf zur Begegnung:**
  „Ich muss gewinnen" wird zu: „Ich will dich sehen – und gesehen werden."

*Paararbeit ist kein Weg der Leichtigkeit –
sondern der Tiefe.*

Manchmal wird es intensiver, bevor es besser wird.
Manchmal bricht etwas auf, das lange gehalten wurde.
Aber: **Alles, was aufbricht, kann heilen.**

Was es braucht, ist der gemeinsame Entschluss:
- *„Wir laufen nicht mehr weg. Nicht voreinander. Und nicht vor uns selbst.“*
- *„Ich wähle dich – nicht, weil du mich vervollständigst, sondern weil ich mit dir wachsen will.“*

Übung 1: Das Herzgespräch – gesehen werden, ohne unterbrochen zu werden

Ziel: Einander zuhören, ohne zu reagieren oder zu korrigieren. Raum für echte Begegnung schaffen.

Anleitung:

Setzt euch gegenüber. Legt eine Kerze oder einen Gegenstand zwischen euch – er steht symbolisch für den Raum der Verbindung.

Regel: Nur einer spricht – der andere hört. Ohne Unterbrechen. Ohne Reaktion. Nur Präsenz.

Runde 1 – *„Was bewegt mich gerade in unserer Beziehung?"* Jede Person hat 5 Minuten. Frei sprechen. Aus dem Herzen. Nicht um zu verletzen – sondern um sich zu zeigen.

Runde 2 – *„Was wünsche ich mir von dir – und was kann ich selbst dafür tun?"*
Wieder 5 Minuten pro Person. Keine Forderung, sondern ehrliches Teilen.

Nachspüren: Am Ende 1 Minute Stille. Blickkontakt. Kein Gespräch danach. Nur Raum lassen.

Effekt: Diese Übung schafft emotionale Entlastung, Klarheit und eine neue Tiefe des Gesehenwerdens.

Übung 2: Trigger-Dialog – vom Reiz zur Verantwortung

Ziel: Einen konkreten Konflikt oder Trigger heilsam beleuchten – ohne Schuldzuweisung.

Anleitung:

Wählt einen Moment, der kürzlich schwierig war (z. B. Streit, Rückzug, Missverständnis).

Der „Getriggerte" beginnt und beantwortet folgende Sätze – schriftlich oder laut: *„Als du … getan/gesagt hast, habe ich … gefühlt." „Das hat in mir berührt …"* (alte Erinnerung, Angst, Bedürfnis).

„Ich sehe, dass das nicht unbedingt deine Absicht war, und ich übernehme Verantwortung für meine Reaktion.“
„Was ich mir in solchen Momenten wünsche, ist …“

Der andere wiederholt das Gesagte mit eigenen Worten:
„Ich habe gehört, dass du … und dass es dir geholfen hätte, wenn …“

Danach darf gewechselt werden – aber nur, wenn echte Präsenz da ist.

Wichtig: Keine Verteidigung. Keine Diskussion. Nur Spiegeln und Mitgefühl.

Bonusimpuls für beide Übungen:

„Ich will nicht gewinnen – ich will dich verstehen.“

Kapitel 12 – Der neue Mann, die neue Frau: Eine Vision

Stell dir vor, du triffst einen Mann, der ganz bei sich ist.
Er muss nichts beweisen. Seine Kraft ist still.
Seine Klarheit warm.

Er steht da – nicht gegen dich, nicht über dir, sondern
für sich. Und mit dir.
Er schützt nicht aus Macht, sondern aus Liebe.
Er schweigt nicht aus Ohnmacht, sondern aus Präsenz.

Das ist der **neue Mann.**

Und stell dir vor, du begegnest einer Frau, die weich ist –
nicht schwach.

Sie empfängt, weil sie sich selbst vertraut.

Sie spricht, weil ihre Stimme aus Tiefe kommt, nicht aus
Kampf.

Sie gibt sich hin – nicht, um geliebt zu werden, sondern
weil sie liebt.

Ihre Hingabe ist kein Verlust – sondern ein Leuchten.

Das ist die **neue Frau.**

Was macht beide neu?

Nicht ihre Kleidung. Nicht ihr Beruf. Nicht ihr
Beziehungsstatus.

Was sie neu macht, ist ihre **innere Wahrheit**.
Ihr Mut, ganz zu sein. Ihr Nein zur Selbstverleugnung.

Ihr Ja zur Ganzheit.

Der neue Mann hat seine Wut geheilt – und seine Tränen
erlaubt.

Die neue Frau hat ihre Kontrolle losgelassen – und ihre
Urkraft eingeladen.

Beide leben ihre Polarität – **nicht gegeneinander,
sondern tanzend.**

Was verändert sich in der Liebe?

Wenn Mann und Frau sich nicht mehr als „Ziel"
begegnen, sondern als **Spiegel**…

Wenn keiner mehr vom anderen „gerettet" werden will,
sondern beide sich **selbst gehören**…

Wenn Sexualität nicht mehr Kompensation ist, sondern
Kommunikation…

Dann beginnt eine **neue Form von Beziehung**.

- Ohne Machtspiel – mit Klarheit.
- Ohne Masken – mit Herz.
- Ohne Verlustangst – mit echter Nähe.
- Ohne Bedürftigkeit – mit Wahl.

Eine neue Welt beginnt im Inneren

Die neue Frau beginnt dort, wo eine Frau sich wieder
ihrem eigenen Körper zuwendet.
Wo sie ihre Stimme zurückholt, ihre Lust ehrt, ihre
Wahrheit lebt.

Der neue Mann beginnt dort, wo ein Mann **in sich still
wird – und nicht mehr flieht.**
Wo er seine Geschichte nicht versteckt, sondern
integriert.
Wo er nicht mehr kämpft, sondern **führt, mit offenem
Herz.**

Und gemeinsam erschaffen sie Räume – für Kinder, für
Ideen, für Wandlung.

*„Du musst kein neuer Mensch werden. Du musst
dich nur erinnern, wer du bist, wenn du ganz bist.
Der Rest kommt von allein.“*

Nachwort – Wenn Erinnerung zu Rückkehr wird

Vielleicht war dieses Buch keine neue Erkenntnis für dich.
Vielleicht war es eine Erinnerung.

An das, was du schon längst weißt.
An das, was unter deinem Verhalten, deinen Rollen, deinem Schutz liegt:

Deine Wahrheit.

Du hast dich durch dich selbst gelesen.
In jeder Zeile, in jedem Spiegel, in jedem inneren Bild.

Und vielleicht hast du etwas gespürt:

Nicht mehr gegen dich kämpfen zu müssen.
Nicht mehr auf Rettung zu warten.
Nicht mehr zu tun, als wärst du nicht ganz.

Wenn du heute dein Herz berührst – und nicht nur deinen Kopf –dann war es nicht einfach ein Buch.

Dann war es eine Rückkehr.

Willkommen zu Hause.

Zusammenfassung – Was du mitnehmen darfst

1. Verhalten ist Sprache.
Alles, was du tust, will dir etwas sagen. Nicht bekämpfen
– sondern lauschen.

**2. In dir leben zwei Kräfte: der innere Mann und
die innere Frau.**
Balance entsteht, wenn sie sich nicht bekämpfen –
sondern lieben lernen.

3. Beziehung ist Spiegel – kein Ziel.
Wachstum beginnt da, wo du aufhörst, den anderen
verantwortlich zu machen.

**4. Rituale, Räume und bewusste Begegnung
verändern mehr als Wissen.**
Transformation geschieht durch Erleben.

**5. Du bist nicht zu viel, nicht zu wenig – du bist
unterwegs zu dir.**

Widmung

- Für alle Frauen,
  die stark sein mussten –
  und wieder weich sein dürfen.

- Für alle Männer,
  die weich gemacht wurden –
  und wieder stark werden dürfen.

- Für alle,
  die lieben wollen,
  aber sich selbst zuerst finden müssen.

- Für alle,
  die nicht aufgeben,
  sondern anfangen – wirklich.

- Für meine Frau – dass sie den Weg mit mir
  gegangen ist

Letzte Worte – Der Ruf

- Wenn du heute aufhörst, dich zu verbessern –
  und beginnst, dich zu erinnern,
  dann beginnt Heilung.

- Wenn du deinen inneren Mann anschaust –
  und er sieht zurück.

- Wenn du deine innere Frau spürst –
  und sie vertraut dir wieder.

- Dann beginnt Beziehung.

- Und vielleicht – eine neue Welt.

„Du bist nicht falsch. Du bist unvergessen.“